BEI GRIN MACHT SICH IHR WISSEN BEZAHLT

- Wir veröffentlichen Ihre Hausarbeit, Bachelor- und Masterarbeit

- Ihr eigenes eBook und Buch - weltweit in allen wichtigen Shops

- Verdienen Sie an jedem Verkauf

Jetzt bei www.GRIN.com hochladen und kostenlos publizieren

Bibliografische Information der Deutschen Nationalbibliothek:

Die Deutsche Bibliothek verzeichnet diese Publikation in der Deutschen Nationalbibliografie; detaillierte bibliografische Daten sind im Internet über http://dnb.d-nb.de/ abrufbar.

Dieses Werk sowie alle darin enthaltenen einzelnen Beiträge und Abbildungen sind urheberrechtlich geschützt. Jede Verwertung, die nicht ausdrücklich vom Urheberrechtsschutz zugelassen ist, bedarf der vorherigen Zustimmung des Verlages. Das gilt insbesondere für Vervielfältigungen, Bearbeitungen, Übersetzungen, Mikroverfilmungen, Auswertungen durch Datenbanken und für die Einspeicherung und Verarbeitung in elektronische Systeme. Alle Rechte, auch die des auszugsweisen Nachdrucks, der fotomechanischen Wiedergabe (einschließlich Mikrokopie) sowie der Auswertung durch Datenbanken oder ähnliche Einrichtungen, vorbehalten.

Impressum:

Copyright © 2014 GRIN Verlag, Open Publishing GmbH
Druck und Bindung: Books on Demand GmbH, Norderstedt Germany
ISBN: 9783668476059

Dieses Buch bei GRIN:

http://www.grin.com/de/e-book/370022/schrifttraeger-im-wandel-der-zeit

Sina Laura Rautmann

Schriftträger im Wandel der Zeit

Wie haben sich Schriftträger entwickelt und bedeutet das Zeitalter der neuen Medien ein "Aus" für die Papierindustrie?

GRIN Verlag

GRIN - Your knowledge has value

Der GRIN Verlag publiziert seit 1998 wissenschaftliche Arbeiten von Studenten, Hochschullehrern und anderen Akademikern als eBook und gedrucktes Buch. Die Verlagswebsite www.grin.com ist die ideale Plattform zur Veröffentlichung von Hausarbeiten, Abschlussarbeiten, wissenschaftlichen Aufsätzen, Dissertationen und Fachbüchern.

Besuchen Sie uns im Internet:

http://www.grin.com/

http://www.facebook.com/grincom

http://www.twitter.com/grin_com

Seminar: Schreibgeräte. Kulturwissenschaftliche Perspektiven auf Technik

Hausarbeit:
Schriftträger im Wandel der Zeit

Wie haben sich Schriftträger entwickelt und bedeutet das Zeitalter der neuen Medien ein aus für die Papierindustrie?

Sina Laura Rautmann

01. Juli 2014

Inhaltsverzeichnis

Einleitung - Die Geschichte der Schriftträger 1

Erste Formen von Schriftträgern 2
    1. Felsbilder und Knochenschnitzereien 2
    2. Tontafel der Sumerer 3
    3. Papyrus und Wachstafeln in Ägypten 3
    4. Pergament 5

Der Siegeszug des Papiers 6
    1. Papier im alten China und Arabien 6
    2. Papier in Altamerika 6
    3. Papier in Europa 7
    4. Wege zur Industrialisierung der Papierwirtschaft 7

Papier heute 10

Fazit 11

Anhang I
    1. Literatur- und Quellenverzeichnis I
    2. Eidesstattliche Erklärung II

Abbildungsverzeichnis

Abbildung 1: Entwicklung der Schriftträger 2

Einleitung - Die Geschichte der Schriftträger

Papier, als moderne Form der Schriftträger, hat eine lange und interessante Entwicklungsgeschichte und vielseitige Einsatzmöglichkeiten. Sowohl zur Verbreitung tagesaktuellen Wissens mithilfe von Zeitungen, als auch zur Konservierung und Überlieferung von Wissen und Lebensweisen vergangener Zeiten lassen sich Schriftträger verwenden. Im Zeitalter der neuen Medien stellt sich jedoch die Frage, ob die Herrschaft der Papierindustrie sich dem Ende zuneigt.

Die folgende Arbeit beschäftigt sich im ersten Abschnitt mit der Entwicklung von Schriftträgern in ihrer Urform bis zum Papier. Dabei werden auf Höhlenmalereien, die Tontafel der Sumerer, Papyrus und Wachstafeln der Ägypter sowie das Pergament eingegangen.

Der zweiter Abschnitt beschäftigt sich mit der Entwicklung des Papiers von seiner ersten Herstellungsform in China bis hin zur Industrialisierung im 20. Jahrhundert.

Abschluss bildet eine Betrachtung der Papiernutzung in der heutigen Zeit der Technologisierung. Hier soll ein Ausblick auf die Zukunft gegeben werden mit einer Abschätzung, ob die Entwicklung neuer Medien das Papier verdrängt oder eine gleich berechtigte Koexistenz einnimmt.

Erste Formen von Schriftträgern

Die Urform der Schriftträger sind Felswände und Knochen, in welche die Menschen der damaligen Zeit Zeichen und Gemälde eingeritzt haben. Sie sind etwa 12.000 Jahre alt und bestehen noch heute. Die ältesten bedeutsamen Schriftträger sind Tontafel mit Keilschrift und Papyrus mit Hieroglyphen, welche

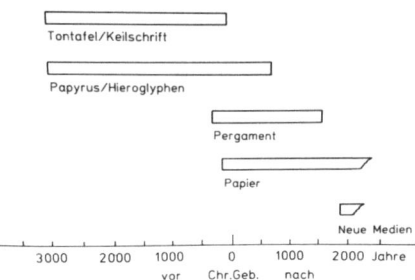

Abbildung 1: Entwicklung der Schriftträger
Quelle: Sandermann 1988, V

sich circa 3300 v.Chr. entwickelt haben. Das Pergament und kurze Zeit später das Papier wurde erst rund 2.500 Jahre später entdeckt (s. Abb. 1).

1. Felsbilder und Knochenschnitzereien

Felsbilder stellen die ältesten Fundstücke dar, mit denen Menschen ihren Lebensalltag dokumentiert und so für die Nachwelt (unbewusst) erhalten haben. Die zuerst entdeckten Kunstwerke wurden in den Höhlen von *Altamira* (Spanien) und *Lascaux* (Frankreich) gefunden und lange Zeit als Fälschungen deklariert. Man nahm zur Zeit der Entdeckung an, dass Menschen der Urzeit nicht in der Lage gewesen seien, derartige Zeichnungen anzufertigen. Mithilfe der „Radiocarbon-Methode an einem Holzkohlestück"[1] aus der Höhle, konnte erst Jahre nach dem Fund das Alter auf 15.516 Jahren datiert und somit der Beweis für die Echtheit der Malereien erbracht werden.

Anhand der Funde von handtellergroßen Steinen mit eingravierten Skizzen der Höhlenmalerien, lässt sich vermuten, dass es schon eine Art Malerschule gab und die Malereien mit einer gewissen Professionalität angefertigt wurden. Die Wandmalereien[2] wurden mit Pinseln oder hohlen Knochen als Sprühwerkzeug an die Felsen ge-

---

[1] Sandermann (1988), S. 3
[2] Die Zeichnungen wurden immer weiterentwickelt und enthielten ab einem Punkt auch Symbolzeichnungen, die immer wieder kehrten und bestimmten Bedeutungen hatten (z.B. ein vertikaler Strich mit abgehenden senkrechten Strichen als Symbol für Regen(wolken). Der Forscher Hans Biedermann nimmt an, dass diese Symbole der Beginn der Schrift war, sozusagen die *Urschrift*.

bracht. Als Farbe dienten mit Tierfett angerührte Mineralien, die für rote, braune und schwarze Farben sorgten.³

2. Tontafel der Sumerer

Die erste Tontafel lässt sich auf 3.300 v.Chr. zurückdatieren und stammt aus der Hochkultur der Sumerer. Dieses Volk hat als erste bekannte Hochkultur eine Bilderschrift entwickelt, die sie als „Merkzeichen für Forderungen der Tempel, Verträge und Grundbuchrechte mit einem Griffel"⁴ in den noch weichen Ton gedrückt haben.

Da die Anzahl der Symbole auf den Tafeln irgendwann ins unermessliche stieg, fingen die Menschen an, von reinen Bildzeichen auf die Bilder als Silbenkombination umzusteigen.⁵

Tontafeln wurden aus Lehm hergestellt, welcher aus Bewässerungskanälen gewonnen, getrocknet und geformt wurde. Durch diese einfache Gewinnungs- und Herstellungsmethode stellte er einen billigen Schriftträger dar. Die Tafelgröße entsprach einem 5:3 Format für kurze Texte oder 11:10,5 für längere Texte. „Mittelassyrische Tafeln für Gesetzestexte hatten mit 32x21x3 cm annähernd ein DIN A4-Format."⁶ Das Material Ton ist außerdem sehr haltbar und nahezu unvergänglich. Zwar konnte man ungebrannten Ton mit Wasser wieder erweichen und dadurch Änderungen an den Texten vornehmen; einmal gebrannter Ton hingegen ist nahezu unvergänglich, da weder Feuchtigkeit, noch Feuer, Licht oder andere Umweltbedingungen die Texte zerstören kann.

3. Papyrus und Wachstafeln in Ägypten

Papyrus, der Schriftträger der Ägypter, ist fast genauso alt wie die Tontafeln der Sumerer. Für dieses Material wurde aus den Stängeln der Papyrusstaude Pflanzenmark gewonnen und in schmalen Streifen kreuzweise übereinander gelegt. Durch gleichmäßiges Klopfen und Pressen werden die Streifen miteinander verbunden, wobei der

---

   (Vgl. Sandermann (1988), S. 5)
3 Vgl. ebd.
4 Vgl. ebd. S. 6
5 Nach der ersten Reform von Bilder- zu Silbenschrift, folgte eine Reform der Schreibrichtung von senkrechter zu waagerechter Schrift. Mit der Verwendung von dreieckig zugespitzten Rohr zum eindrücken der Zeichen (Griffel) wurde die Keilschrift erfunden. Hierbei wurden Kreise und Kurven durch gerade Striche ersetzt.
6 Sandermann (1988), S. 9

frische Pflanzensaft als Bindemittel wirkt. Um eine glatte Oberfläche zu erhalten, wirde das Material nach dem trocken mit Glättsteinen oder Muscheln geschliffen. Danach klebte man mehrere Papyrus Blätter aneinander und rollte sie auf, um die fertigen Schriftträger in Wunschlänge zu erhalten.[7]

Das Längenmaß der Papyrusrollen umfasste in der Regel 20 Blätter bei einer Breite von 36 und 18 cm (18./19. Dynastie) und später 42 und 21 cm (20. Dynastie).[8] Die längste gefundene Papyrusbahn war 40,5 cm lang.

Papyrus ist ein sehr festes Material, welches neben Schriftträgern auch für andere Zwecke verwandt wurde wie z.b. „Kleidern, Matten, Kästen, Sandalen, Mumienhüllen und für Boote."[9] Die Papyrusstaude wächst in flachen Gewässern des Nildeltas und war somit für die Ägypter ein leicht zu gewinnendes Material. Papyrusherstellung wurde nach dem Prinzip der Arbeitsteilung mit Spezialisten für Teilschritte durchgeführt. „Schon 253 v.Chr. war eine Industrienorm eingeführt worden, durch die die Größe der Papyrusrollen vereinheitlicht wurden."[10] Außerdem wurden Normen für unterschiedliche Qualitäten von Papyrus geschaffen, von denen der teuerste und feinste fast durchsichtig war.

Der steigende Bedarf an Schreibunterlagen im gesamten Mittelmehrraum führte nach geraumer Zeit jedoch zu Materialknappheit, weshalb die Preise für Papyrus ins unermessliche stiegen und der Export streng reglementiert wurde. Für viele Schreibzwecke wie einfache Notizen wurde der Papyrus zu teuer, so dass die Menschen alternativ auf Tonscherben umstiegen.

Eine andere kostengünstigere Alternativen waren wiederverwendbare Wachstafeln aus schwarzgefärbtem Bienenwachs. Mithilfe des Stilus, einer Art Griffel, mit abgeflachter Rückseite zum Ausradieren bereits beschriebener Fläche, wurden die Wachstafeln beschrieben. Manchmal wurden zwei oder drei Tafeln mit Ringen miteinander verbunden. Diese Art des Schriftträgers nannte man *Diptychon* bzw. *Triptichon*.[11]

---

7 Vgl. Moog (2003), S.3 und Sandermann (1988). S. 17
8 Vgl. Sandermann (1988), S. 17
9 Vgl. ebd. S. 17f
10 Vgl. ebd. S. 19
11 Vgl. ebd. S. 19

4. Pergament

Pergament ist ein aus Tierhaut bestehender Schriftträger, benannt nach der Stadt *Pergamon*[12]. Das Beschreiben von Leder war bereits in der Bronzezeit bekannt; die Verwendung von Pergament bestand laut Berichten schon um 1500 v.Chr., wurde aber erst um 200 v.Chr. wirklich bedeutsam, als die Pergament Produktion in Pergamon zu florieren begann.[13]

Für die Herstellung von Pergament werden Tierhäute (Rind, Schaf, Lamm und Ziege) mehrere Tage in Kalkbrühe eingeweicht, bevor die Haare abgeschabt und die Haut auf einen Rahmen gespannt wird. Um sie beschreibbar zu machen, erfolgt eine Behandlung mit Bimsstein und Kreide. Die Vorteile von Pergament im Vergleich zu Papyrus ist die beidseitige Beschreibbarkeit und lange Lebensdauer. „Ein weiterer Vorteil war, daß [!sic] man die Schrift durch Schaben und Radieren mit Bimsstein entfernen und so das Pergament für eine weitere Beschriftung verwenden konnte"[14].

---
12 Vgl. Moog (2003), S. 3
13 Vgl. Sandermann (1988). S. 71
14 Vgl. ebd. S. 73

Der Siegeszug des Papiers

1. Papier im alten China und Arabien

Die Papiererfindung lässt sich nicht genau festlegen. Auch wenn Tsài Lun im Jahr 105 n.Chr. die Erfindung des Papiers zugesagt wurde, wird vermutet, dass er nur die Herstellung revolutioniert hat. Es existieren deutlich ältere Überlieferungen aus China, in denen Papier eine Rolle spielte, so dass davon ausgegangen werden kann, dass Papier schon vorher existiert hat. Die älteste, aus Hanffasern bestehende, gefundene Papierprobe stammt aus Xian (China) und lässt sich auf die Zeit 140-87 v.Chr..[15]

Die Herstellungsmethode wird wie folgt vermutet:

> „Rohstoff ist in der Regel der Bast des Papiermaulbeerbaumes. Dieser wird in einer Lösung von Holzasche aufgeweicht und mit einem Klöppel so lange bearbeitet, bis der Bast sich in einzelne Fasern auflöst. Diese werden in einem Behälter in Wasser supendiert. Nunmehr wird mit einem Sieb, [...] aus der Bütte durch eintauchen und Herausnehmen ein Teil der Fasersuspension geschöpft. Nach Ablaufen des Wassers verbleibt auf dem Sieb ein feuchtes Papierblatt, das unmittelbar für den Trocknungsvorgang abgenommen wird."[16]

Die Erfindung des Schöpfsiebs ist zeitlich nicht genau festzulegen. Bekannt ist nur, dass es ca. 600 n.Chr. Korea und Japan erreichte, bevor es um 750 n.Chr. durch chinesische Kriegsgefangene aus der Schlacht am Thalas westwärts nach Samarkand (Arabien) gelangte.[17] Hier ersetzte das Papier nach und nach die Verwendung von Papyrus und Pergament. Die Araber verbesserten die Herstellungstechnik in dem sie u.a. die Fertigung von Wasserzeichen entwickelten und die Papierleimung durch Hinzugabe von Stärke verstärkten; die Mengenbezeichnung *rizmar* für 500 Bögen „wurde als *Ries* in den Wortschatz der heutigen Papierwirtschaft übernommen".[18]

2. Papier in Altamerika

Unter den Ureinwohnern Südamerikas waren Papier und Bücher ebenfalls als Schriftträger bekannte. Der Unterschied zu den Büchern Asiens und Europas lag in der Bindung. Diese fand in Altamerika nicht Blatt für Blatt statt, sondern in der Laporello-artigen Zieharmonika Form, die ein Aufklappen der Bücher ermöglichten.

---

15 Vgl. ebd. S. 46
16 Sandermann (1988), S. 46f
17 Vgl. Moog (2003), S.3; Sandermann (1988), S. 47
18 Vgl. Sandermann (1988), S. 57

Leider wurden bis auf drei Werke alle Bücher der Urvölker zerstört, da der damalige Bischof sie als Teufelswerke deklarierte und verbrennen ließ.

3. Papier in Europa

Europa erreichte die Verbreitung des Papiers erst im 12. Jahrhundert, nachdem die Araber aus Nordafrika in Spanien eingedrungen sind. Es wird davon ausgegangen, dass sie die Tradition der Papierherstellung als Kulturgut mitgenommen und so nach Europa gebracht haben. „Die erste europäische Papiermühle stand 1144 in Xativa (bei Valencia), von wo aus auch über Sizilien nach Europa importiert wurde. Es folgten Italien (Fabriano, vor 1276) [und] Frankreich (Troyes, 1348)."[19] „Die erste deutsche Papiermühle wurde 1390 von Ulman Stromer unter dem Namen *Gleismühle* vor den Toren Nürnbergs errichtet."[20] Sie war eine der erfolgreichsten Papierproduktionen mit annähernder Monopolstellung, fiel jedoch später einem Feuer zu Opfer. Stromer verwandte für sein Papier Maße, die den heutigen DIN A3 und DIN A4 sehr nahe kamen.

Die Verdrängung des Pergaments durch das Papier zog sich jedoch noch bis ins 17. Jhd. hin.[21] Für den Siegeszug des Papiers wahr u.a. der günstige Preis, bessere Biegsamkeit und geringer Verbrauch ausschlaggebend.

4. Wege zur Industrialisierung der Papierwirtschaft

Als Rohstoff für Papier dienten Stoffreste, die sog. *Hadern* oder *Lumpen*. Diese Faserstoffe sind damals in Europa nur in Leinen, Hanf oder Baumwolle verfügbar. In den frühen Papiermühlen besteht die Technik der Papierherstellung aus mehreren, zeitaufwendigen Schritten[22]: Zur Vorbereitung der Rohstoffe werden die Lumpen zerrissen (gehadert) und in Faulgruben zermürbt. Danach werden sie 48 Stunden im Stampfwerk zermalmt. Die so erhaltenen Fasern werden mit Wasser verdünnt in die sog. Schöpfbütte gegeben, wo sie in Handarbeit mit einem Sieb abgeschöpft und durch Rütteltechniken verfilzt werden. Die so entstehenden nassen Papierblätter werden im Wechsel mit feuchtem Filz übereinander geschichtet und in einer Nasspresse

---
19 Vgl. Moog (2003), S.3
20 Vgl. Sandermann (1988), S. 80
21 Vgl. Sandermann (1988), S. 79
22 Vgl. Moog (2003), S. 4f

von möglichst viel überschüssigem Wasser befreit. Danach werden die Papierbögen zum Trocknen aufgehängt.

Da nach Erfindung des Buchdrucks auch der Bedarf an Papier steigt, werden die Rohstoffe knapp, so dass sich ein neuer Berufszweig entwickelt: die Lumpensammler und -händler. Die Ressourcenknappheit wird so groß, dass England 1666 ein Verbot für leinerne Totenhemden aushängt, da Leinen zu kostbarem Papier verwertet werden kann, anstelle unter der Erde zu verrotten.[23]

Mitte des 18. Jhd. fangen die Menschen an nach Ersatzmaterialien für Hadern und Lumpen zu suchen. Der erste, der die Ideen auch in der Praxis ausprobiert, ist der 1718 in Sachsen geborene Superintendent, Forscher und Erfinder *Jacob Christian Schäffer*. Statt Lumpen zu verwenden startet er Versuche mit Pflanzenfasern und verschiedenen Holzarten und legt damit den Grundstein für die heute Papierproduktion. 1774 entdeckt *Justus Claproth* das Altapapierrecycling und veröffentlicht ein Buch zu dem Thema, welches bis heute noch große Bedeutung hat.[24]

Innerhalb der kommenden 100 Jahre ebnen verschiedene Erfindungen und Verbesserungen in der Papierherstellung den Weg zur Industrialisierung[25,26]. Der sog. *Holländer* (1760[27]), ein Walzenprinzip zur Zerkleinerung der Lumpen, ersetzt oder ergänzt die Stampfer und führt so zu großer Kraftersparnis. Die Erfindung der Chlorbleiche (1789) sorgt zum ersten Mal für weißes Papier und macht die mit verlustbehaftete Behandlung in Faulgruben[28] überflüssig. Nicolas Louis Robert, ein französischer Arbeiter des Großdruckereibesitzers Didot, macht den ersten Schritt zu einer Papiermaschine, um der mangelnden Arbeitsmoral und Arbeiterabwanderung entgegenzuwirken (1798). In den drauf folgenden Jahren wird die Papiermaschine von verschiedenen Entwicklern immer weiter perfektioniert, so dass zwischen 1804

---

23 Vgl. Sandermann (1988), S. 95
24 Vgl. ebd, S. 101
25 Vgl. Schmidt-Bachem (2011), S. 5
26 Die Ausführung jeglicher Erfindungen in der Zeit nähme in dieser Ausarbeitung zu viel Platz ein, weshalb hier nur auf die größten Entwicklungen eingegangen wird.
27 Die Erfindung geht auf 1711 zurück, jedoch fand ihre Verbreitung erst ab den 1760er Jahren statt.
28 Vor der Erfindung der Chlorbleiche wurden Lumpen in zeitaufwendigen und unangenehmen Prozessen in Faulgruben behandelt, um sie mürbe zu mmachen und aufzuhellen. Der dadurch erzeugte hellere Farbton war jedoch anstelle von weiss sehr graustichig. (Vgl. Moog (2003), S. 4; Sandermann (1988), S. 105f)

bis 1820 Papiermaschinen die englische Industrie revolutionieren. Die damalige Papierproduktionsgeschwindigkeit beträgt 6-10m in der Minute.[29]

1840 erfindet der sächsische Webermeister Friedrich Gottlob Keller eine Schleifmaschine, mit deren Hilfe er aus Holz Faserstoff gewinnen kann. 1845 lässt er sich sein Verfahren patentieren, bei dem er mit diesem Faserstoff unter Zusatz von 50% Lumpenpapier neues Papier herstellen konnte. Weitere Forscher tragen zur Entwicklung von Pflanzenfasergewinnung bei, so dass seit Mitte des 20. Jhd. für die meisten Papiersorten auf die Verwendung von Lumpen verzichtet werden kann.

Aufgrund von niedrigem Papier pro Kopf Bedarf und Mangel an Ressourcen, wird die Industrialisierung noch gebremst. Erst mit steigendem Bedarf und besserer Ressourcenverwertung im 20. Jhd. kam es endgültig zur Industrialisierung und Verbesserung der Produktionszeit; die Maschinen schafften nun 2.000m pro Minute herzustellen.

---

[29] Vgl. Sandermann (1988), S.109 ff

Papier heute

Im heutigen Zeitalter nimmt der Gebrauch von neuen Medien stark zu. eBook-Reader, Tablets, Smartphones etc. bieten leicht transportierbare Alternativen zu Büchern und Zeitschriften und werden von Umweltaktivisten oft zur Schonung von Ressourcen angepriesen. Radio, Fernsehen und Internet können Nachrichten aus aller Welt viel schneller verbreiten als Zeitungen. Bedeuten diese Entwicklungen das Ende der Papierherrschaft?

Zahlen des Umweltbundesamt zeigen, dass Papier auch weiterhin einen großen Stellenwert im Leben der Menschen einnimmt. Allein 2012 lag der pro Kopf Verbrauch an Papier, Pappe und Karton bei durchschnittlich 244 Kilogramm; „Dies entspricht einem Gesamtverbrauch von 20 Millionen Tonnen"[30] und ist somit sieben mal höher als der Verbrauch vor 60 Jahren.[31]

Dabei ist zu bedenken, dass Papier vielseitige Einsatzmöglichkeiten findet und heutzutage weit mehr, als ein reiner Schriftträger ist. Insbesondere im Haushalt findet man Papier in Form von Toiletten- und Küchenpapier, Taschentüchern und Einweg-Reinigungstüchern. Daneben herrscht durch steigende Nutzung von Online-Versandhäusern ein erhöhter Bedarf von Verpackungsmaterialien. Ebenso gibt es im Privat- und Hobbybereich weiterhin viele Anwendungsbereiche, in denen Pappe und Karton eine Rolle spielen; Bastel-, Künstlerbedarf und Umzugskartons sind nur drei der vielseitigen Einsatzmöglichkeiten von Papier.

Umweltschutzverbände, führchten um zu starke Abholzung von Waldgebieten zur Papierherstellung. Sie versuchen daher Menschen auf Alternativen zum Papierverbrauch hinzuweisen. Der WWF hat in Zusammenarbeit mit der Werbeagentur Jung von Matt ein *grünes Dateiformat* entwickelt, dass sich nicht mehr ausdrucken lässt und ermutigt Nutzer, Unternehmen und Organisationen, dieses für ihre Dokumente anzuwenden. Auf die Art wird der Dateibenutzer gezwungen, das Dokument am Computer oder auf anderen portablen digitalen Geräten zu lesen.

---

30 Umweltbundesamt (2013)
31 Vgl. Rehab-Republic (http://rehab-republic.org/papierverbrauch/)

Fazit

Neuere Schriftträger lösten nach und nach die alten ab. „Selbst in Ägypten, dem Land des Papyrus, wurde Pergament verwendet. [...] Schließlich erreichte von China aus das Papier als weiterer Schriftträger das Nilland. In dieser Zeit verwandten die Araber Papyrus, Pergament und Papier nebeneinander, bis sich endlich das Papier als alleiniger Schriftträger durchsetzen konnte."[32] Vor diesem geschichtlichen Hintergrund betrachtet, ist die anfängliche Angst der Papierfabrikanten durchaus gerechtfertigt, dass die neuen Medien als moderne Schriftträger das Papier ablösen oder zumindest stark dezimieren.

Unter Betrachtung der vielseitigen Einsatzweisen von Papier, die nicht direkt etwas mit Schreiben zu tun haben, ist die Angst jedoch unbegründet. Im Gegenteil ist eine deutliche Zunahme an Papierverbrauch erkennbar, die auch für die kommenden Jahre nicht zu versiegen scheint. Das Papier, seit 2000 Jahren als Schriftträger verwandt, wird auch zukünftig die Menschheit noch lange Zeit begleiten. Die Verwendung als Schriftträger könnte zugunsten der neuen Medien zurückgehen. Jedoch wäre diese keine negative, sondern eher positiv zu betrachtende Auswirkung, da der pro Kopf-Verbrauch der heutigen Zeit die Ressourcenverfügbarkeit an ihre Grenzen treibt.

Insgesamt ist die Geschichte der Schriftträger spannend und liefert viel Diskussionspotential. Sie eignet sich gut, um in der Grundschule fächerübergreifenden Unterricht zu gestalten. So lassen sich im Kunstunterricht eigene Papierblätter herstellen, während im Sachunterricht historische, kulturelle und technische Aspekte zur Entwicklung der Schriftträger angeschaut werden können. Auch eine Exkursion in einer Papierfabrik wäre eine denkbare Unterrichtseinheit. Das Papier ist und bleibt vorerst ein spannendes und aktuelles Thema.

---

32 Vgl. Sanderman (1988), S. 73

Anhang

1. Literatur- und Quellenverzeichnis

Moog, Berthold (2003): *Papiermühlen.* Abrufbar unter:
http://www.muehlenfreunde.ch/media/document/55/Papiermuehlen.pdf
[01.06.2014]

Rehab Republic (): *Papierverbrauch.* http://rehab-republic.org/papierverbrauch/
[01.06.2014]

Sandermann, Wilhelm (1988): *Die Kulturgeschichte des Papiers.* Berlin Heidelberg: Springer-Verl.

Schmidt-Bachem, Heinz (2011): **Die Geschichte der industriellen Papierverabeitung – Ansatz und Aufbau der vorliegenden Arbeit.** In: *Aus Papier: eine Kultur- und Wirtschaftsgeschichte der verarbeitenden Industrie in Deutschland.* Berlin/Boston: Walter de Gruyter. S.5-26

Umwelbundesamt (2013): *Altpapier – Vom Papier zum Altpapier.*
http://www.umweltbundesamt.de/daten/abfall-kreislaufwirtschaft/entsorgung-verwertung-ausgewaehlter-abfallarten/altpapier [01.06.2014]

WWF (2010): **Ein Dateiformat, das hilft, Bäume zu retten: Das WWF.** Unter: *Holz und Papier.* http://www.wwf.de/aktiv-werden/tipps-fuer-den-alltag/holz-und-papier/das-wwf-dateiformat/ [01.06.2014]

BEI GRIN MACHT SICH IHR WISSEN BEZAHLT

- Wir veröffentlichen Ihre Hausarbeit, Bachelor- und Masterarbeit
- Ihr eigenes eBook und Buch - weltweit in allen wichtigen Shops
- Verdienen Sie an jedem Verkauf

Jetzt bei www.GRIN.com hochladen und kostenlos publizieren